INHALT

AF129967

DIE FREUNDE

Nadja, Pia, Keiko, Kolja, Paul und Robbie gehen auf dieselbe Schule. Sie sind Freunde und machen auch nach der Schule und am Wochenende oft etwas zusammen, am liebsten im Jugendzentrum …

Nadja ist die beste Freundin von Pia und die Freundin von Robbie. Sie mag Mode und Farben und dekoriert gerne.

Kolja kann gut elektronische Dinge reparieren und er findet Keiko sehr hübsch.

Keiko kommt aus Japan und bleibt ein Jahr in Deutschland. Sie hat immer gute Ideen.

Pia ist die beste Freundin von Nadja und sie hat einen Hund, Plato. Sie hilft ihren Freunden gern und kann gut Dinge organisieren.

Robbie geht schon in die 10. Klasse. Er liebt Reggae, besonders Bob Marley, und Nadja, aber manchmal gibt es deshalb Streit.

Gerrit ist der Leiter vom Jugendzentrum. Er hört auch gern Reggae, besonders die „Zuusies".

Paul ist der Freund von Pia und spielt mit Kolja im Fußballverein. Er freut sich immer, wenn es was zu feiern gibt.

1

Unser Lieblingsort

Es ist 15 Uhr, die Schule ist aus. Pia, Nadja, Keiko und Robbie stehen auf dem Schulhof.

„Was sollen wir jetzt machen?", möchte Nadja wissen.

„Wir zeigen Keiko unseren Lieblingsort in der Stadt. Was meint ihr?", schlägt Pia vor.

„Ihr habt einen Lieblingsort? Wo denn?" Keiko ist neugierig. Sie ist noch nicht lange in der Stadt und kennt deshalb noch nicht alles.

„Super Idee, das machen wir! Los, kommt!" Nadja läuft los.

„Warte, Nadja. Paul und Kolja kommen auch gleich. Sie wollen sicher mitkommen", ruft Pia.

„Die beiden haben doch Fußballtraining, oder?"

„Ja, aber erst in zwei Stunden", antwortet Robbie. Er hat keine Lust. Er möchte lieber Gitarre üben. Aber er will keinen Streit mit Nadja. Also kommt er mit.

Pia, Nadja, Keiko, Robbie, Paul und Kolja laufen zusammen durch die Stadt. Es ist nicht weit zu ihrem Lieblingsort. Sie müssen nur am Schwimmbad vorbeigehen und über die Goethestraße Richtung Autobahn. Dann sind sie schon da und gehen in das Jugendzentrum Kannenberg.

Pia zeigt Keiko alles und erklärt:

● Das ist unsere Küche. Na ja, sie ist schon ziemlich alt und die Regale sind kaputt, aber man kann trotzdem ganz gut Tee kochen.

○ Mhm.

● Und das ist der große Saal. Hier haben 80 Leute Platz. Deshalb sind hier manchmal die Konzerte.

○ Aha?

● Es ist alles ein bisschen alt, aber wir sind trotzdem gern hier. Ich bin am liebsten in der „Stube", so nennen wir dieses Zimmer.

○ Oh, man kann ja Billard und Tischfußball spielen. Toll! Und gemütliche Sofas habt ihr auch.

der Billardtisch

die Billardkugel

die Stube

das Sofa

der Tischfußball

Keiko möchte sich auf das Sofa setzen. Dann sieht sie, dass das Sofa sehr schmutzig ist, und bleibt lieber stehen.

„Wollen wir Billard spielen?", fragt Keiko.

„Ähm, ja also … ein paar Billardkugeln sind weg. Wir haben schon in allen Zimmern gesucht. Aber wir können Tischfußball spielen, okay?", schlägt Kolja vor. „Moment … Wo ist nur der kleine Fußball?"

„Helft alle mit. Wir suchen ihn!" Alle laufen los. Sie suchen unter den Sofas, in den Schränken, hinter dem Regal und unter den Stühlen. Auch in der Küche und im Saal suchen sie, aber der Ball ist weg.

2

Keikos Idee

Die Freunde können heute kein Billard und kein Tischfußball spielen. Es ist langweilig. Keiko schaut die Wände an. Alte Poster hängen herum und jemand hat etwas draufgeschrieben. Aber das kann man nicht mehr lesen.

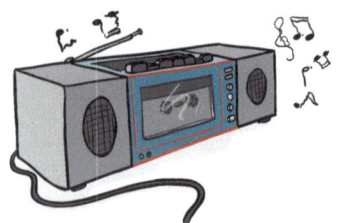

„Einmal hat jemand die Musikanlage gestohlen. Wir haben auf dem Flohmarkt ein Radio gekauft. Ein anderes Mal war der Fernseher weg. Jetzt haben wir keinen mehr", erzählt Nadja.

„Ja, und die Sofas sind schon ziemlich alt, die Wände sind hässlich und viele Möbel sind kaputt. Aber wir bekommen kein Geld für neue Sachen. Wir haben schon gefragt", erklärt Robbie.

Da hat Keiko eine Idee.

„Und warum renoviert[1] ihr nicht selbst? Ihr könnt alles neu machen. Die Wände mit neuen Farben anmalen, neue Möbel bauen … Das macht doch Spaß!"

„Renovieren? Möbel bauen? Hast du das schon mal gemacht?", will Kolja wissen.

„Na ja, schon. Letztes Jahr haben wir in der Schule unser Pausenzimmer renoviert. Dort war auch alles alt und hässlich. Jetzt sieht das Pausenzimmer aber wieder richtig toll aus!"

„Das ist aber ganz schön viel Arbeit." Paul hat keine Lust.

„Wir brauchen Werkzeug, Farbe und so weiter – und Geld! Das haben wir nicht", meint Robbie.

---

1 renovieren: alte Sachen neu machen

„Dürfen wir denn überhaupt renovieren? Wir müssen doch zuerst Gerrit fragen. Das ist der Juze-Leiter[2]", erklärt Nadja Keiko.

Nur Pia findet Keikos Idee sehr gut. „Dann fragen wir ihn eben. Und die Arbeit macht sicher Spaß. Wir sind ganz schnell fertig, wenn alle mithelfen."

„Und danach sieht es hier wirklich toll aus. Ganz bestimmt", sagt Keiko noch einmal.

Dann sind die anderen auch einverstanden.

● Wir müssen einen Plan für die Renovierung machen.

○ Ja, ein Plan ist gut, Kolja. Also, was wollen wir renovieren und was brauchen wir?

● Schreibst du alles auf, Pia?

○ Ja. Hier. Ich habe Papier und einen Stift.

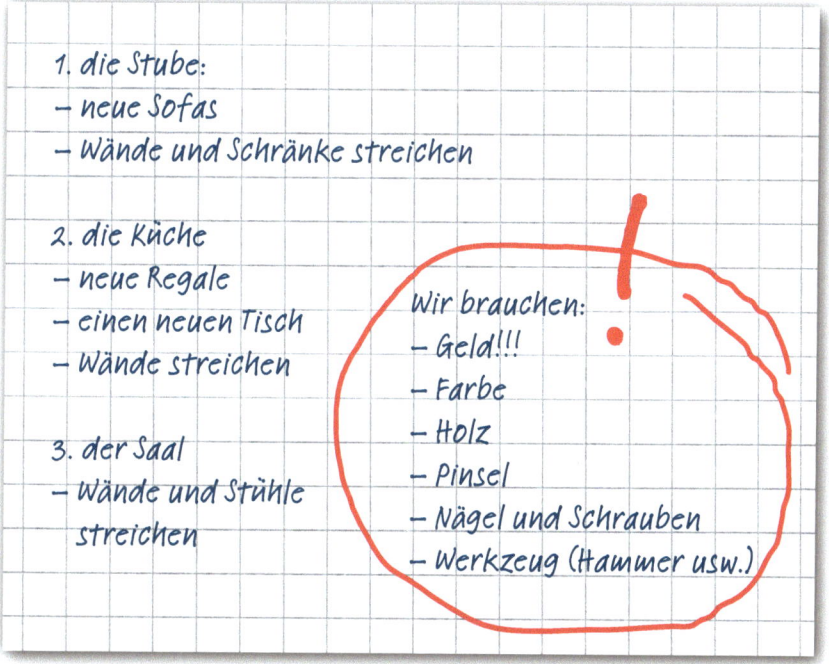

1. die Stube:
   – neue Sofas
   – Wände und Schränke streichen

2. die Küche
   – neue Regale
   – einen neuen Tisch
   – Wände streichen

3. der Saal
   – Wände und Stühle streichen

Wir brauchen:
– Geld!!!
– Farbe
– Holz
– Pinsel
– Nägel und Schrauben
– Werkzeug (Hammer usw.)

---

2 der Leiter: er organisiert alles im Jugendzentrum, wie ein Chef

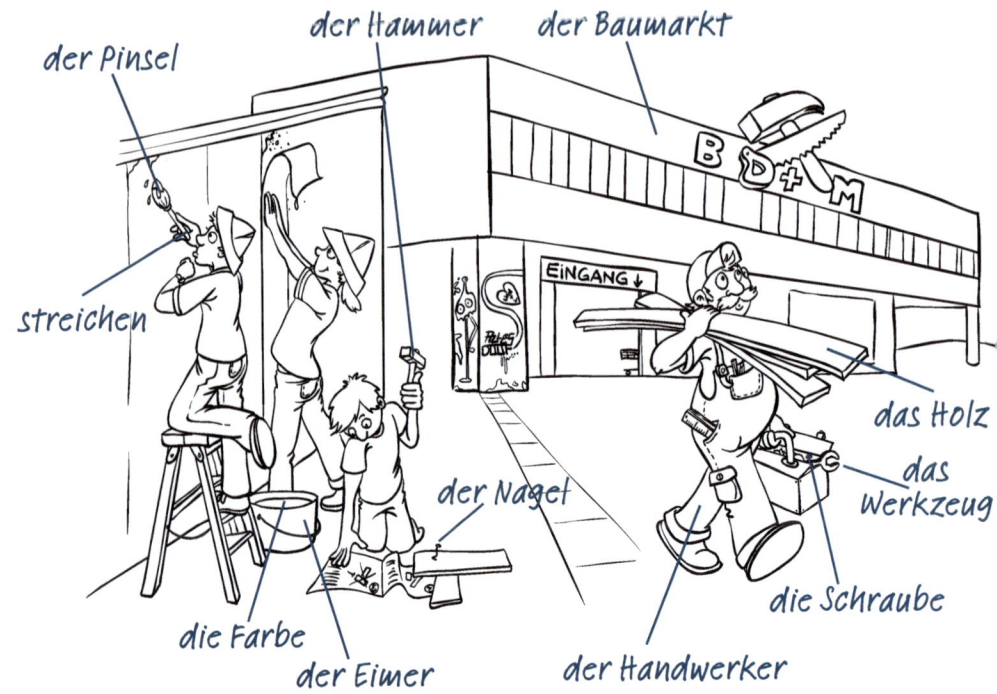

der Pinsel
der Hammer
der Baumarkt
streichen
das Holz
das Werkzeug
der Nagel
die Schraube
die Farbe
der Eimer
der Handwerker

Pia liest die Liste noch einmal vor.

„Geld. Das ist das Problem! Wir haben kein Geld. Und ohne Geld können wir auch nicht renovieren. Farbe ist echt teuer!", schimpft Robbie.

„Ich finde die Idee trotzdem gut", sagt Pia. „Wir finden sicher eine Lösung. Aber zuerst gehen wir mit der Liste zu Gerrit."

Pia und die anderen gehen ins Büro. Kolja und Paul fahren zum Fußballtraining. Sie spielen im Verein, beim SV Rasentreter.

3

Einkauf im Baumarkt

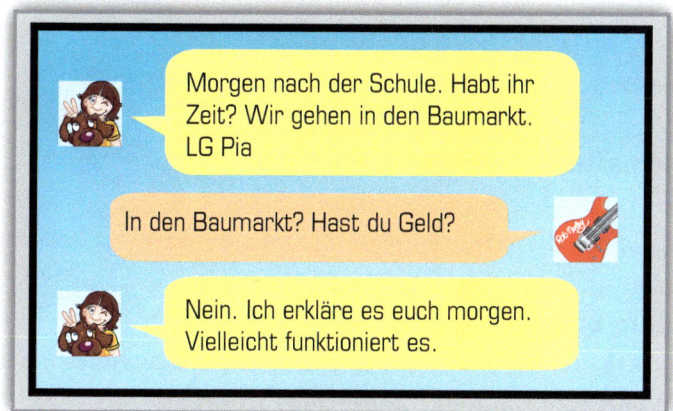

6

Am nächsten Tag nach der Schule stehen die Freunde wieder auf dem Schulhof. Robbie und Paul haben viele Fragen.

- Also, Pia. Was hat Gerrit gesagt?
- Gerrit findet die Idee sehr gut, Paul. Und gleich gehen wir in den Baumarkt. Das war Gerrits Idee.
- Und wie kaufen wir ohne Geld im Baumarkt ein?
- Gar nicht, Robbie. Wir erzählen von unserem Jugendzentrum, wie alt alles ist und so. Wir sagen, dass wir kein Geld haben und dass das Jugendzentrum sehr wichtig für uns ist. Vielleicht bekommen wir ja was geschenkt.
- Ich weiß nicht.
- Wir können es ja versuchen. Vielleicht hat der Baumarkt ein paar alte Sachen, Holz, alte Farben und so. Das können sie nicht mehr verkaufen.
- Also gut. Aber du fragst, Pia.
- Klar, Robbie. DU sagst besser gar nichts.

11

Pia hat im Baumarkt mit einem Angestellten geredet und ihm alles vom Jugendzentrum erzählt. Jetzt soll sie alles noch einmal dem Chef erklären.

9

„So so, renovieren wollt ihr also. Könnt ihr das überhaupt?", will der Baumarktchef wissen.

„Ja, klar. Einige von uns haben das schon mal gemacht. Außerdem sind Mathe und Kunst unsere Lieblingsfächer. Mit Farben und Holz arbeiten, das ist ja so interessant! Und mit den Materialien aus Ihrem Baumarkt geht es bestimmt besonders leicht. Also, das schaffen wir ganz sicher!" Pia lächelt und schaut den Baumarktleiter ganz freundlich an.

„Naja, man soll ja helfen, wenn fleißige junge Leute etwas auf die Beine stellen[3] wollen. Dann schauen wir mal … Kommt mit!"

„Ja, super. Vielen Dank! Das ist ja sooooo nett von Ihnen", antwortet Pia.

Die Freunde und der Chef laufen zusammen los.

„Siehst du, Robbie? Klappt doch", flüstert[4] Pia.

„Du bist einfach die Beste, Pia", antwortet Robbie.

● So, hier sind wir im Lager[5]. Diese Materialien hier kann ich nicht mehr verkaufen, aber es ist alles noch gut. Welche Farbe möchtet ihr denn für die Wände?

○ Tja, was meint ihr? Gelb?

■ Nein, schwarz!

□ Schwarz? Du spinnst ja, Robbie!

---

3 etwas auf die Beine stellen: etwas Neues bauen/organisieren
4 flüstern: sehr leise sprechen
5 das Lager: ein sehr großes Zimmer mit vielen Sachen, man braucht die Sachen im Moment nicht

■ Schon gut. War doch nur Spaß!

▲ Und wie findet ihr Grün?

● Ihr könnt ja auch zwei Farben nehmen. Gelb und Grün passen doch gut zusammen.

○ Wirklich? Dürfen wir die nehmen, ja?

▲ Super, das sieht sicher gut aus.

● Schon gut. Dann kommt jetzt weiter. Hinten habe ich noch Holz von …

Glücklich gehen die Freunde mit dem Bau-marktchef weiter.

● So, dann habt ihr ja jetzt einiges.

○ Ja, vielen, vielen Dank! Das ist so nett! Aber haben Sie vielleicht auch noch ein paar alte Schrauben und Nägel? Wissen Sie, das Holz ist ganz toll! Nur wie sollen wir ohne Schrauben und Nägel Möbel bauen? Wir nehmen auch ganz alte Schrauben und Nägel.

● Schrauben und Nägel, was? Ja, natür-lich. Hm. Also, alte Nägel habe ich nicht. Hm. Was machen wir denn da? … Na, dann schenke ich euch eben welche. Kommt mit.

○ Wirklich? Oh, das ist ja so freundlich von Ihnen!

● Ja, ja. Hier. Das reicht sicher für die Möbel. Und dann nehmt ihr noch diese Farbrollen mit. Was macht ihr eigentlich, wenn die Renovierung fertig ist? Ladet ihr mich dann ein? Ich möchte das Jugendzentrum gerne mal sehen.

○ Ja, natürlich. Wir melden uns, wenn alles fertig ist.

▲ Vielleicht können wir ja ein kleines Fest machen. Dann kom-men vielleicht auch wieder mehr Leute ins Jugendzentrum.

13

○ Gute Idee, Paul. Aber wir müssen natürlich erst fragen.
● Also dann. Frohes Renovieren! Und sagt Bescheid, ja?
   Tschüss!
○ Tschüss und noch mal vielen herzlichen Dank für alles!

Der Chef geht zurück in sein Büro. Die Freunde laufen fröhlich und vollbepackt[6] zurück ins Jugendzentrum. Am Samstag soll die Renovierung beginnen.

die Farbrolle

---

6 vollbepackt sein: sehr viele Sachen tragen

4

An die Arbeit

Es ist Samstagmorgen. Die Freunde stehen vor dem Jugendzentrum. Pia hat Plato mitgebracht. Alle tragen alte Klamotten und sehen sehr lustig aus. Aber wo bleibt denn nur Gerrit, der Leiter vom Jugendzentrum? Er sollte um 9 Uhr da sein und die Tür aufschließen[7].

10-11

„Gerrit war sicher gestern Abend auf dem Konzert von den Zu-usies und jetzt schläft er noch. Ich wollte auch hin, aber ich habe keine Karte mehr bekommen. So ein Mist. Hat jemand Gerrits Telefonnummer?", fragt Robbie.

„Nein!", antworten die anderen.

„Und jetzt?", will Keiko wissen.

„Wir machen einen Plan. Wer möchte die Wände streichen? Wer möchte Möbel bauen? Wer möchte die Stühle streichen?", fragt Pia.

„Ich baue Möbel!", ruft Keiko.

„Ich auch!" Kolja stellt sich sofort neben Keiko.

„Also gut. Nadja und ich streichen die Wände. Robbie und Paul, ihr könnt die Stühle streichen. Aber zuerst müssen wir … oh, eine SMS von Gerrit!" Pia zeigt den Freunden die Nachricht.

> Tut mir leid. Bin gerade aufgewacht. War gestern bei den Zuusies. Musik war genial! Bin in 20 Minuten da. Gerrit

---

7 aufschließen: eine Tür mit dem Schlüssel öffnen

„Hab' ich's doch gewusst", sagt Robbie.

„Zuusies? Was spielen die denn?", fragt Keiko.

„Das ist eine Reggae-Band. Die sind super", erklärt Robbie.

„Glaub Robbie kein Wort. Die Musik ist schrecklich!" Nadja freut sich immer noch, dass Robbie keine Karte mehr bekommen hat. Aber das sagt sie natürlich nicht laut.

Die Freunde streiten weiter über Musik. Dann kommt Gerrit.

Gerrit schließt das Jugendzentrum auf.

● So, ihr Handwerker. Viel Spaß! Und macht keinen Quatsch! Schreibt mir eine SMS, wenn ihr gehen wollt.

○ Eine SMS? Warum bist du nicht bei Chatty?

● Hier, Kolja. Das ist mein Handy.

○ Oh, Mann! Du lebst echt in der Steinzeit[8], Gerrit. Das Handy kannst du dem Museum verkaufen.

● Lustig! Tschüss, Leute!

Keiko ist überrascht. „Hilft Gerrit denn gar nicht mit?"

„Gerrit? Oh nein. Das ist auch besser so. Er hat zwei linke Hände[9]", erklärt Kolja.

Die Freunde machen sich an die Arbeit[10]. Pia und Nadja überlegen[11] noch: „Welche Wand streichen wir gelb? Welche Wand grün?"

---

8   in der Steinzeit leben: altmodisch sein
9   zwei linke Hände haben: nicht gut mit den Händen arbeiten können und dabei Sachen kaputt machen
10 sich an die Arbeit machen: mit der Arbeit beginnen
11 überlegen: im Kopf eine Idee / eine Lösung suchen

Robbie und Paul sehen sich die Stühle an. Paul will sich setzen und „Krach!". Er liegt auf dem Boden. Der Stuhl ist kaputt.

„Aua! Mann, sind die Stühle alt! Aber diesen Stuhl muss ich jetzt wenigstens nicht mehr streichen", schimpft Paul.
Robbie lacht und macht das Radio an. Er findet Reggae-Musik und freut sich. Aber Paul will das nicht hören. Die beiden streiten laut.
„Ich will das nicht hören. Die anderen auch nicht. Hier: Rap! Das ist gute Musik."
„Rap? Ich bekomme Kopfschmerzen!" Robbie hält seinen Kopf fest.
„Hey Leute, was wollt ihr hören? Reggae oder Rap?", fragt Paul.
„RAP!", rufen die anderen. Paul hat gewonnen und Robbie ist sauer.

Kolja und Keiko wollen neue Regale für die Küche bauen. Kolja kann super Computer oder Player reparieren, aber mit Holz hat er noch nie gearbeitet.
„Also, zuerst müssen wir … äh, ja das Holz … ähm …" Kolja nimmt das Holz und sieht es sich genau an.

12

17

„Hier, Kolja. Kannst du das mal festhalten?", fragt Keiko.
„Äh, ja natürlich."
Keiko weiß genau, was sie machen muss, und denkt: „Kolja kann
super MP3-Player reparieren, aber Möbel bauen? Macht nichts,
er ist trotzdem total süß."
Dann erklärt sie Kolja, was er machen muss. Die beiden sind ein
tolles Team und bald ist das erste Regal fertig.

Zum Mittagessen bestellen die Freunde Pizza und dann arbeiten
sie fleißig weiter. Am Abend haben sie schon viel geschafft: Das
zweite Regal ist fast fertig, vier Stühle sind gestrichen und die
Wand in der Stube ist gelb. Alle sind müde, aber zufrieden.
„Schluss für heute!", ruft Pia. „Wir machen morgen weiter!"

5

Wer war das?

Am nächsten Morgen kommen die Freunde ins Jugendzentrum und sind schockiert.

„Seht euch das mal an! Da steht ‚Zuusies sind die Besten!!!' Wer hat das gemacht?", ruft Keiko wütend.

„Gerrit! Wo bist du? Geeeeerrrrriiiiiit!" Paul läuft los und sucht Gerrit. Er muss eigentlich da sein. Die Tür zum Jugendzentrum war ja offen und nur Gerrit hat den Schlüssel. Wo ist er nur?

„Gerrit ist nicht da." Paul hat ihn nicht gefunden.

„Das kann doch nicht sein. Er muss doch hier sein", meint Nadja. Die Freunde sind sehr sauer. Alle überlegen.

„Wer hat das bloß an die Wand geschrieben? Gerrit? Gerrit findet die Zuusies toll. Er war auf dem Konzert. Aber warum schreibt er das an die Wand?", denkt Paul.

Da kommt Gerrit ins Jugendzentrum.

„Was ist denn hier los? Wer hat euch denn die Tür aufgeschlossen?", will er wissen.

„Die Tür war schon offen. Jemand hat das da an die Wand geschrieben. Weißt du, wer das war?", fragt Kolja.

„Hast du das gemacht?" Paul schaut Gerrit wütend an.

„Ich? Du spinnst wohl. Natürlich nicht! Was denkst du denn von mir?" Nun ist Gerrit auch ein bisschen sauer.

„Ist denn noch alles da? Das Radio, der Beamer?"

„Ja, alles noch da. Komisch. Hast du gestern Abend ganz bestimmt die Tür abgeschlossen, Gerrit?"

„Also, ich denke schon. Das mache ich doch immer. Hm."

„Aber du bist nicht ganz sicher, oder?", fragt Pia.

„Ja, also, doch. Ähm, na ja, ich weiß nicht. Ich kann mich nicht erinnern, aber ich schließe doch immer ab."

„Tja, vielleicht hast du es gestern Abend vergessen", sagt Kolja.

„Nadja, wo ist eigentlich Robbie?" Pia schaut herum. Robbie ist noch nicht da.

Nadja weiß es auch nicht.

„Er kommt sicher gleich. Vielleicht hat er verschlafen."

Kolja überlegt: „Robbie mag die Zuusies auch. Die Zuusies spielen Reggae." Dann sagt er laut:

- 🔵 Vielleicht hat Robbie das an die Wand geschrieben.
- ⚪ Quatsch, Kolja. Robbie war das nicht.
- 🔵 Woher weißt du das, Nadja?
- ⚪ Er hat doch auch renoviert.
- 🔵 Ja, aber er war die ganze Zeit sauer, weil wir Rap gehört haben und nicht Reggae. Die Zuusies sind doch eine Reggae-Band. Also hat er das an die Wand geschrieben und jetzt kommt er nicht mehr.

○ Nein, das glaube ich nicht. Robbie macht sowas nicht.
● Und wer war es dann?

Da geht die Tür auf[12] und Robbie kommt herein. Kolja schaut ihn wütend an, die anderen sehen auch nicht glücklich aus.

■ Was ist los? Warum schaut ihr mich so komisch an? Ich bin's doch nur, euer Robbie!
● Da! Die Wand! Warst du das?
■ Wie bitte?
○ Kolja, hör auf. Robbie war das nicht.
● Ach ja, Nadja? Und wer war es dann?
■ Ihr glaubt, ich habe das geschrieben? Ihr spinnt ja wohl! Hier, ich habe Kuchen gekauft. Guten Appetit!

Robbie wirft den Kuchen auf den Boden und läuft weg.

---

12 die Tür geht auf: die Tür öffnet sich, jemand macht die Tür auf

6

Danke, Plato!

die Kapuze

15

○ Kolja, du Blödmann! Robbie macht sowas nicht. Das weiß ich einfach. Und den Kuchen können wir jetzt auch nicht mehr essen!

○ Tut mir leid, Nadja.

In diesem Moment ruft Pia plötzlich laut:

■ Hey Leute, da war jemand am Fenster und hat hier reingeschaut!

○ Was? Den schnappe[13] ich mir!

Kolja läuft blitzschnell aus dem Zimmer nach draußen, Paul hinterher.

„Los, Plato, lauf!", ruft Pia, aber Plato hat keine Zeit. Er muss Kuchen fressen.

„Danke, Plato! Da brauche ich ein Mal deine Hilfe, und du?"

---

13 sich jemanden schnappen: jemanden fangen

Zehn Minuten später kommen Kolja und Paul enttäuscht[14] zurück.

„Der Typ ist richtig schnell. Er war plötzlich einfach weg. Mann, ziemlich groß ist er auch und er hatte einen Kapuzenpulli an. Pia, du hast ihn doch im Fenster gesehen. Kennst du ihn?", will Paul wissen.

„Hm, also im Juze kenne ich alle, da ist niemand so groß wie dieser Typ. Und an unserer Schule …? Leute, fällt[15] euch jemand ein?", fragt Pia.

„Wie heißt denn der Typ aus der 10b? Der ist immer so gemein zu den kleinen Mädchen", sagt Keiko.

„Ach, du meinst Marc! Stimmt, Marc ist groß und trägt auch oft Kapuzenpullis", meint Nadja.

„Marc? Das passt! Wir mögen ihn nicht und er mag uns nicht!", ruft Paul.

„Trotzdem komisch, findet ihr nicht?", sagt Nadja.

„Hm, Marc …" Gerrit ist aus seinem Büro in die Stube gekommen und überlegt: „Ja, natürlich. Er war letzte Woche mit seinen Freunden hier. Sie waren laut und haben meine Zuusies-CD kaputt gemacht. Da habe ich gesagt, dass sie gehen sollen. Sie waren natürlich sauer."

„Und gestern Abend ist Marc zurückgekommen. Die Tür war auf und er hat das da an die Wand geschmiert[16], weil er sauer auf Gerrit war. Marc weiß, dass wir renovieren. Wir sollen denken, dass Gerrit das gemacht hat." Paul zeigt auf die Wand.

„Und heute ist er gekommen, weil er unseren Streit mit Gerrit sehen wollte", sagt Keiko.

Nadja holt ihr Handy aus der Tasche.

---

14 enttäuscht: traurig
15 einfallen: eine Idee haben
16 schmieren: sehr hässlich malen/schreiben

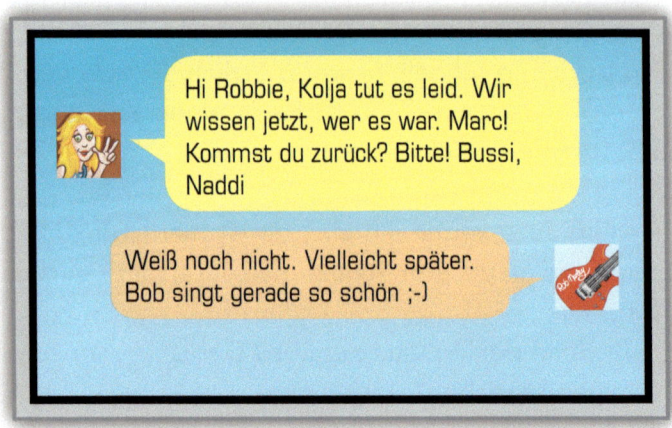

„Nadja, komm. Es hilft nichts. Wir müssen die Wand noch einmal streichen", ruft Pia.

Die Freunde machen sich wieder an die Arbeit. Es ist noch viel zu tun. Alle sind fleißig. Nur Plato hilft nicht mit. Er läuft hin und her, schnuppert hier und da und bellt manchmal fröhlich.

„Fertig!" Nadja und Pia haben die Wände in der Stube angemalt. Der blöde Spruch ist weg.

- Hm. Alles ist schön gelb und grün.
- Ja, aber ein bisschen langweilig. Findest du nicht, Pia? Hängen wir noch Poster an die Wand?
- Poster? Nein!
- Aber die Wände sind so leer.

„Hihi, schaut mal, der Boden sieht ja toll aus!"
Keiko zeigt auf Plato. Er ist über den Deckel vom Farbeimer gelaufen und hat grüne Pfoten. Jetzt sind überall Abdrücke auf dem Boden.

der Farbeimer

die Pfote

der Deckel

der Abdruck

Da hat Nadja eine Idee.
„Das machen wir! Wir dekorieren einfach mit Stempeln[17] aus Kartoffeln die Wand!"
Aber Paul findet die Idee langweilig. „Das haben wir im Kindergarten gemacht."
„Hast du eine bessere Idee? Nein? Du musst ja nicht stempeln. Das machen wir Mädchen!"
„Super Idee! Danke, Plato!", ruft Pia.

---

17 der Stempel:

7

Besuch aus dem Seniorenheim

Kolja hat im Supermarkt Kartoffeln gekauft.

„Keiko, möchtest du auch einen Stempel machen?", fragt Pia.

„Oh, ja! Ich mache einen Stempel mit einem Kanji[18]. Mal überlegen … Ich glaube, ich mache das Zeichen für Hund 犬 !"

Keiko nimmt das Messer und eine Kartoffel. Alle sind neugierig und schauen zu.

Da hören sie plötzlich Schritte.

„Robbie? Bist du das?", ruft Nadja.

„Hallo?"

Wer kann das nur sein?

Eine Person kommt herein. Aber es ist nicht Robbie, es ist ein Mann. Die Freunde kennen ihn nicht. Paul fragt:

---

18   das Kanji: japanisches Wort für chinesische Schriftzeichen

● Können wir Ihnen helfen?

○ Hallo. Ich bin Ludwig Rosenthal, der Leiter vom Seniorenheim[19] *Am Wäldchen*, hier um die Ecke.

● Oh, hallo. Tut uns leid. Wir waren ein bisschen laut. Wir renovieren, wissen Sie?

○ Kein Problem. Es ist nicht zu laut. Ich war einfach neugierig. Ich kenne das Jugendzentrum. Ich war früher schon mal hier. Und ihr renoviert ganz alleine?

● Ja. Das macht Spaß! Aber es ist auch ganz schön viel Arbeit. Alles war alt und hässlich. Jetzt haben wir die Wände neu gestrichen und schon ein paar Möbel gebaut.

○ So so, alles neu?

● Na ja, die Sofas können wir nicht neu bauen, leider. Und für neue Billardkugeln haben wir auch kein Geld. Aber es ist schon viel schöner als vorher.

○ Das stimmt. Die Wände sehen toll aus! Kann ich auch die anderen Zimmer sehen?

● Natürlich. Kommen Sie!

Pia und Paul zeigen Herrn Rosenthal auch die anderen Zimmer. Sie erklären, was sie schon gemacht haben und was sie noch renovieren wollen. Herr Rosenthal schaut sich alles an und ist begeistert, dass die Freunde so viel geschafft haben.

○ Ihr seid wirklich nette Mädchen und Jungs! Und so fleißig! Ich glaube, ich habe da etwas für euch. Kommt doch am Montag nach der Schule ins Seniorenheim und seht es euch an.

● Was ist es denn?

○ Das seht ihr am Montag. Also dann, tschüss und viel Spaß noch!

---

19 das Seniorenheim: Dort wohnen ältere Menschen.

Am Montag nach der Schule haben Kolja, Paul, Robbie und Keiko leider keine Zeit.

„Pia, Nadja, ihr müsst allein zum Seniorenheim gehen. Und dann müsst ihr uns sofort Bescheid sagen. Ich will wissen, was wir bekommen", sagt Paul.

Also machen sich Pia und Nadja auf den Weg ins Seniorenheim. Sie haben sich extra hübsch gemacht.

Im Seniorenheim erzählen Pia und Nadja den Senioren noch einmal von ihrem Jugendzentrum und von der Renovierung. Sie müssen viele Fragen beantworten und bekommen ein Stück Kuchen nach dem anderen. Die Senioren freuen sich sehr über den Besuch von den beiden.

Später schicken sie eine MMS an die anderen.

Hier, Leute! Das sind unsere neuen Sofas! Cool, was? Ein Geschenk von den Senioren.

8

Wir kommen in die Zeitung!

Es ist wieder Wochenende, die Freunde renovieren heute zum letzten Mal. Dann soll alles fertig sein.

Gerrit wartet schon mit einer Überraschung auf die Freunde.

- Hallo Leute. Ratet mal, wer gestern hier war.
- Keine Ahnung, Gerrit. Marc? Hast du ihn verprügelt[20]?
- Sehr lustig, Paul. Nein, Marc war nicht hier.
- Sag schon!
- Also, ein Journalist von der Zeitung *Glücksdorfer Nachrichten* war hier. Er will mit euch über die Renovierung sprechen.
- Cool. Sollen wir ihn sofort anrufen?
- Ja, los.

Gerrit gibt den Freunden eine Visitenkarte[21].

---

20 jemanden verprügeln: jemandem sehr wehtun
21 die Visitenkarte: kleine Karte mit Name, Adresse, Telefonnummer, E-Mail

Paul ruft den Journalisten gleich an und verabredet einen Termin mit ihm.

18-19

Alle sind ganz aufgeregt[22]. „Bis 17 Uhr haben wir noch viel Zeit. Ihr könnt ja weitermachen, ich bereite das Interview vor, okay?" Kolja sucht in seinem Rucksack nach einem Stift und Papier und setzt sich auf das alte Sofa.

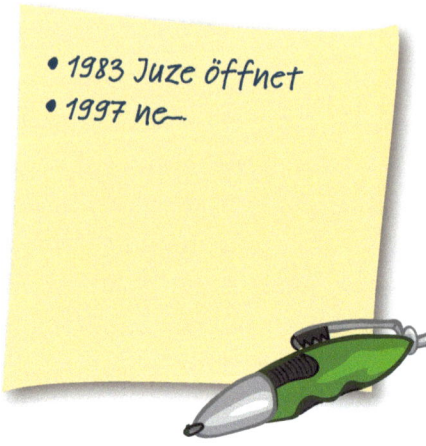

• 1983 Juze öffnet
• 1997 ne_

„Sollen wir dem Journalisten auch erzählen, dass wir die fertige Renovierung feiern? Wir machen doch eine Party, oder?", fragt Kolja.

„Wir müssen aber zuerst Gerrit fragen", antwortet Paul. „Ich gehe gleich mal zu ihm ins Büro."

„Das brauchst du nicht, Paul. Ich habe schon gefragt. Habe ich euch das nicht erzählt?"

„Nein, Pia, das hast du nicht."

„Oh, also, er hat Ja gesagt. Im Juni können wir eine Party machen."

„Cool, dann laden wir den Chef vom Baumarkt ein und natürlich die Senioren", ruft Kolja.

Keiko hat auch eine Idee:

„Wir können ja Würstchen und Kuchen verkaufen. Dann bekommen wir etwas Geld und können neue Billardkugeln kaufen."

„Super, das machen wir. Und einen Flohmarkt. Machst du die Musik, Rob?", fragt Nadja.

„Klar! Ich bin dabei", lacht Robbie.

---

22 aufgeregt sein: sich freuen und ein bisschen nervös sein

Gut gelaunt machen sich die Freunde wieder an die Arbeit. Kolja schreibt fleißig Notizen für das Interview.
Um 17 Uhr ist alles fertig, aber Kolja schreibt immer noch.

- Was schreibst du denn da?
○ Pssst, Nadja. Ich bin gleich fertig.
- Der Journalist kommt gleich.
○ Ja, ja. So. Ich bin fertig. Wo bleibt er denn?

Da geht auch schon die Tür auf und der Journalist kommt herein. Er hat eine große Kamera dabei.
Kolja springt vom Sofa.
„Herzlich willkommen im Jugendzentrum Kannen-berg."
„Hallo! Mann, das sieht hier ja echt fantastisch aus! Seid ihr schon fertig?" „Klick, klick." Der Journalist macht schon die ersten Fotos.
„Ja, aber wir bekommen noch zwei neue Sofas. Kommen Sie, ich zeige Ihnen alles." Kolja und der Journalist laufen durch das Jugendzentrum. Kolja erzählt und erzählt.

Zum Schluss macht der Journalist noch ein Foto mit allen Freun-den zusammen.
„Am Montag steht der Artikel über euer Jugendzentrum in der Zeitung. Vielen Dank für das Interview! Macht's gut!"
Die Freunde freuen sich schon auf Montag. Besonders Kolja!

9
Das ist alles?

20

Jugendliche renovieren ihr Jugendzentrum selbst

Großer Lärm[23] im Jugendzentrum Kannenberg. Die jungen Handwerker streichen, hämmern, bauen Möbel und kommen

Es ist Montagmorgen. Kolja hat die *Glücksdorfer Nachrichten* mitgebracht und die Seite 16 aufgeschlagen[24]. Er ist gar nicht glücklich.

● Keiko, sieh dir das an! So ein kurzer Artikel. Und nur ein kleines Foto! Er hat doch sicher 100 Fotos gemacht.

○ Na ja, Kolja. Das ist doch normal.

● Und hier. Ich habe ihm so viel erzählt und dann das!

Kolja liest aus dem Artikel vor:

Kolja (16) berichtet: „Wir sind zu einem Baumarkt gegangen und haben von unserem Plan erzählt. Der Chef war begeistert und hat uns verschiedene Materialien gegeben. Wir danken unseren Sponsoren[25] ganz herzlich!" Ein weiterer Sponsor

---

23 der Lärm: es ist sehr laut
24 aufschlagen: eine Zeitung, ein Heft oder ein Buch öffnen
25 der Sponsor: er/sie gibt Geld oder Material kostenlos

● Das ist alles!

○ Oh Mann, das ist echt schade. Armer Kolja. Journalisten sind doof. Gehen wir in der Pause in die Cafeteria? Wir können Schokokuchen essen. Ich lade dich ein.

● Danke, Keiko. Das ist lieb. Aber wir gehen am besten alle zusammen und schreiben eine Einladung für die Party im Jugendzentrum, okay?

○ Gute Idee, Kolja.

Der Unterricht beginnt. Aber Kolja kann nicht zuhören. Er ärgert sich immer noch über den Zeitungsartikel.

Endlich ist Pause und die Freunde gehen in die Cafeteria. Sie essen Schokokuchen und schreiben die Einladung für die Party.

Zu Hause setzt sich Kolja an seinen Computer und macht die Einladung fertig. Dann schickt er sie an seine Freunde.

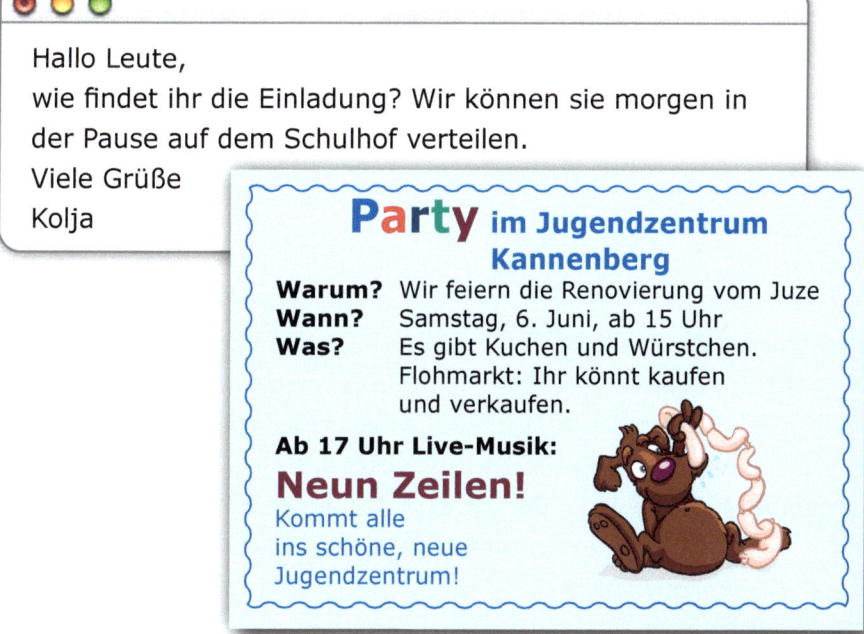

Hallo Leute,
wie findet ihr die Einladung? Wir können sie morgen in der Pause auf dem Schulhof verteilen.
Viele Grüße
Kolja

Party im Jugendzentrum Kannenberg

Warum? Wir feiern die Renovierung vom Juze
Wann? Samstag, 6. Juni, ab 15 Uhr
Was? Es gibt Kuchen und Würstchen. Flohmarkt: Ihr könnt kaufen und verkaufen.

Ab 17 Uhr Live-Musik:
Neun Zeilen!
Kommt alle ins schöne, neue Jugendzentrum!

10

Marc und die Einladung

Am nächsten Tag verteilen Paul und Pia in der Pause die Einladungen auf dem Schulhof. Da kommt Marc und möchte auch eine Einladung haben.

● He, Kleiner. Gib mir mal 'ne Einladung!

○ Eine Einladung? Für dich, Marc? Du spinnst wohl.

● Häh? Warum bekomme ich denn keine?

○ Das weißt du ganz genau. Du hast doch die Wand im Juze beschmiert. Wir haben dich gesehen!

● So ein Quatsch! Das war ich nicht. Ihr habt mich verwechselt, ihr habt doch immer Tomaten auf den Augen.

🟦 Klar warst du das! Und jetzt hau ab[26]!

🔵 Ist das deine kleine süße Freundin, Paul? Ich komme zur Party, wenn ich das will. Oder wollt ihr die Polizei rufen? Hahaha!

Marc geht weiter. Pia und Paul sind wütend. Sie suchen ihre Freunde und erzählen, was passiert ist.

🔵 Das glaube ich einfach nicht. So ein Idiot! Glaubt ihr, Marc kommt wirklich zur Party?

⚪ Und bringt seine Fans mit?

🟦 Gute Frage. Aber Gerrit ist ja auch da. Der hilft uns. Es wird trotzdem eine tolle Party! Ganz bestimmt!

---

26 Hau ab!: Geh weg!

11

Die Party

Endlich ist es so weit. Die Party hat begonnen und es sind viele Gäste gekommen: Freunde aus der Schule, Eltern und Geschwister, die Senioren aus dem Seniorenheim, Herr Rosenthal und der Chef vom Baumarkt.
Alle Gäste sind begeistert vom Jugendzentrum.

Das habt ihr wirklich toll gemacht!

Super sieht das alles aus!

Ihr seid ja richtig gute Handwerker!

Wollt ihr bei uns auch mal renovieren?

Die Freunde bekommen sehr viele Komplimente. Keiko muss oft erklären, was das Kanji an den Wänden bedeutet und warum sie das Wort „Hund" gewählt hat.

„Wir lieben Hunde. Ich habe auch einen Hund in Japan. Er heißt Taro. Pias Hund heißt Plato. Von Plato haben wir die Idee mit den Stempeln. Er ist nämlich …"
Keiko erzählt die Geschichte immer wieder.

Um 17 Uhr beginnt das Konzert von Robbies Band „Neun Zeilen".

Robbie singt gerade die letzten Lieder. Gerrit hat alle Würstchen verkauft und der Kuchen ist auch weg.
Pia und Keiko zählen das Geld. Ist es genug für neue Billardkugeln?

● 227 – 227,50 – 228 – 229 – 231 – 231,50. Es sind zusammen 231,50 €, das ist genug!
○ Oh, super! Was machen wir jetzt mit dem Geld?
● Komm, wir verstecken es in der Küche. Wenn alle Gäste weg sind und wenn wir alles aufgeräumt haben, holen wir es wieder.
○ Alles klar!

Pia und Keiko laufen in die Küche. Niemand ist da, das ist gut.
Sie suchen ein gutes Versteck.
„Hier oben hinter dem Zucker. Das sieht niemand."
Pia legt das Geld in den Schrank und schließt die Schranktür.
„Komm, Keiko, gehen wir, dann hören wir noch das letzte Lied."

Wer war das?

23

Pia und Keiko wollen gerade zum Saal gehen, da bleibt Pia plötzlich stehen:

● Psst, Keiko. Siehst du das? Da in der Stube. Das ist doch Marc. Was macht der denn hier?

○ Komm, Pia. Wir gehen zu den anderen und sagen Bescheid.

● Ja, schnell. Hoffentlich sieht Marc uns nicht.

Pia und Keiko laufen in den Saal. Das Konzert ist vorbei. Es sind nur noch ein paar Gäste da.

● Leute, kommt schnell! Keiko und ich haben gerade Marc und noch einen Typen in der Stube gesehen. Ich weiß nicht, was sie da machen. Waren die beiden auch schon hier?

■ Was? Marc? Nein, hier waren sie nicht. Wo ist Gerrit?

□ Keine Ahnung! Los, wir holen ein paar Holzbretter und dann gehen wir zusammen in die Stube.

● Und dann?

- ☐ Dann sagen wir Marc, dass er mit seinem Kumpel abhauen soll.
- ○ Also, dann los. Ich nehme die Farbrolle!
- ● Komm mit, Plato.

Die Freunde laufen schreiend[27] und wütend in die Stube: „Haut ab! Kommt nie wieder in unser Jugendzentrum!"
Plato bellt und bellt, so laut er kann.
Plötzlich sind alle still. Marc ist nicht da und sein Kumpel[28] ist auch weg.
- ● Sie sind weg. Haben sie etwas kaputt gemacht? Die Wände sehen gut aus.
- ○ Das Radio ist noch da. Alles ist noch da.
- ▨ Komisch. Was haben sie hier gemacht?
- ● Keine Ahnung!
- ○ Keiko, Pia, seid ihr sicher, dass ihr Marc gesehen habt?
- ▨ Ja, ganz sicher!
- ● Und was machen wir jetzt?
- ▨ Wir müssen aufräumen. Es ist schon spät.
- ○ Also gut. An die Arbeit.

---

27 schreien: sehr laut rufen
28 der Kumpel: der Freund

Zwei Stunden später ist alles sauber und aufgeräumt.

„Pia, habt ihr eigentlich schon das Geld gezählt? Können wir neue Billardkugeln kaufen?", will Paul wissen.

„Ja, wir haben 231,50 €. Das ist genug für neue Billardkugeln. Und wir können sogar noch eine kleine Musikanlage kaufen."

„Cool! Und wo ist das Geld?", fragt Robbie.

„Wir haben es in der Küche versteckt. Kommt mit."

Die Freunde gehen in die Küche. Pia macht den Küchenschrank auf und erzählt: „Keiko und ich haben uns ein extra gutes Versteck ausgedacht. Da kommt ihr nie …"

„drauf" will Pia sagen, aber sie vergisst das Wort, denn das Geld ist nicht mehr im Schrank. Es ist weg. Der Zucker ist noch da.

● Das kann doch nicht sein! Wir haben das Geld hier versteckt. Das konnte eigentlich niemand finden!

○ Also das haben Marc und sein Kumpel hier gemacht. Sie haben das Geld gesucht und mitgenommen!

▨ Oh nein, oh nein, oh nein!

Da kommt Gerrit in die Küche.

„Hi Leute! War das ein toller Tag, was? Ich war kurz zu Hause. Ihr habt ja schon alles aufgeräumt. Super! Ähm, was ist denn los? Ihr seht ja gar nicht glücklich aus. Die Party war doch genial, oder?"

„Marc und sein Kumpel waren hier. Sie haben das Geld gestohlen und sind weggelaufen."

„Marc und sein Kumpel? Ja, ich habe sie nach Hause geschickt. Ich habe ihnen gesagt, dass die Party vorbei ist", erzählt Gerrit.

„Und dass sie nie wieder hierherkommen dürfen?", fragt Pia.

„Also, na ja. Sie haben ja nichts gemacht."

„Doch! Sie haben das Geld mitgenommen. Wir haben es hier versteckt, aber jetzt ist es weg."

„Das Geld? Ach ja. Ich habe die Küche aufgeräumt und das Geld gefunden. Es ist in meinem Büro. Hier war das Geld ja nicht sicher."

Selten waren die Freunde so froh wie in diesem Moment.

KAPITEL 1

1 Lies die Wegbeschreibungen. Welche passt? Kreuze an.

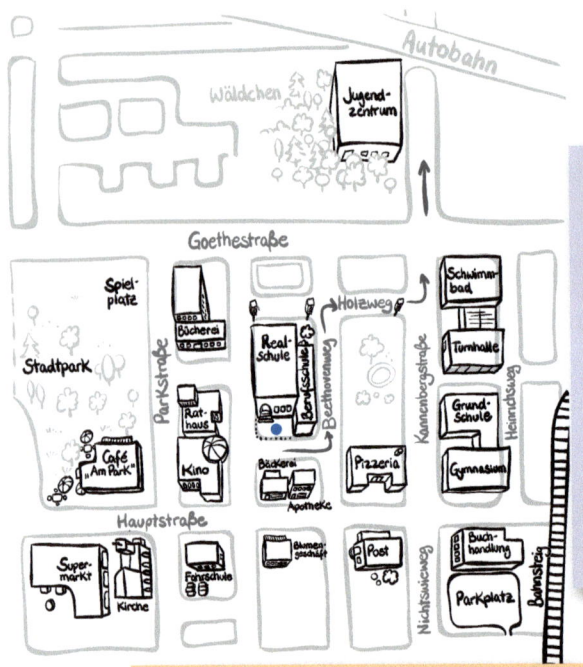

A

Geh rechts in den Beethovenweg. Geh dann links in die Hauptstraße. Bei der Pizzeria gehst du wieder links in die Kannenbergstraße. Geh immer geradeaus. Das Jugendzentrum ist auf der linken Seite vor der Autobahn.

B

Geh links in den Beethovenweg. Geh geradeaus bis zur Ampel und dort rechts in den Holzweg. Dann gehst du gleich wieder links in die Kannenbergstraße und immer geradeaus. Das Jugendzentrum ist auf der linken Seite vor der Autobahn.

C

Geh links in den Beethovenweg. Geh geradeaus bis zur Goethestraße. Dort gehst du links und dann wieder rechts in die Kannenbergstraße. Das Jugendzentrum ist gleich auf der linken Seite vor der Autobahn.

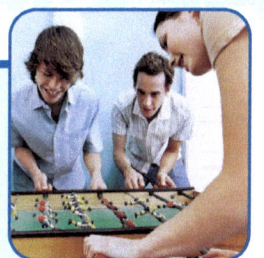

Jugendzentrum (Juze)

Ein Jugendzentrum ist ein Ort, wo sich Jugendliche treffen und ihre Freizeit verbringen können. Meistens gibt es dort Spielmöglichkeiten wie Tischfußball, Billard, Tischtennis oder andere Spiele, ein Café oder eine Teeküche. Man kann im Jugendzentrum auch Musik hören, quatschen oder faulenzen. Es gibt immer einen Leiter. Er organisiert manchmal Veranstaltungen wie Kinoabende, Kochkurse, Bewerbungstraining, Theater, Konzerte usw. Die Jugendzentren bekommen Geld von der Stadt, aber das ist meistens sehr wenig.

3

2 Hör den Dialog und ergänze die Sätze.

1. Der Lieblingsort von Nadja, Pia und Robbie ist das
   ___Jugendzentrum___.

2. Robbie hatte dort mit seiner Band schon mal ein

   _____.

3. Pia möchte _____ alles zeigen.

KAPITEL 2

3 Markiere neun Wörter zum Thema *Renovieren*. Lies die nicht-markierten Buchstaben und beantworte die Fragen.

BEIMERAUPINSELMANAGELRKHOLZTHAMMERHA
STREICHENNDSCHRAUBEWERFARBEKERWERKZEUG

1. Wo kann man Material zum Renovieren kaufen?
   _B_____

2. Wen ruft man an, wenn man nicht selbst renovieren kann?

   _____

43

4 Kreuze an: richtig oder falsch?

	richtig	falsch
1. Im Jugendzentrum kann man fernsehen.	☐	☒
2. Viele Sachen im Jugendzentrum sehen nicht schön aus.	☐	☐
3. Keiko hat schon mal ihr Zimmer renoviert.	☐	☐
4. Alle finden Keikos Idee toll.	☐	☐
5. Für die Renovierung haben die Freunde nicht genug Geld.	☐	☐
6. Sie machen einen Plan und zeigen ihn Gerrit.	☐	☐

KAPITEL 3

5 Ergänze den Dialog. Hör dann zur Kontrolle.

7

> renovieren • selbst • Helfen • geht • Minuten • Materialien •
> Geld • verkaufen • Leute • kostenlos

● Ja, Chef. Hier sind ein paar Jugendliche. Sie wollen ihr
Jugendzentrum _renovieren_ (1).

○ Ja, und?

● Also, sie sagen, sie haben kein _____ (2).
Können wir den jungen Leuten irgendwie helfen?

○ _____ (3)? Beim Renovieren?

● Nein, natürlich nicht. Haben wir vielleicht ein paar alte
_____ (4) im Lager? Die können wir doch eh
nicht mehr _____ (5).

○ Hm, aber einfach verschenken? Das _____ (6) nicht!
Dann kommen bald alle _____ (7) und wollen
Material _____ (8) haben. Ne, nicht mit mir.

● Möchten Sie vielleicht _____ (9) mit den jungen
Leuten sprechen, Chef?

○ Also gut. Ich bin in zehn _____ (10) da.

44

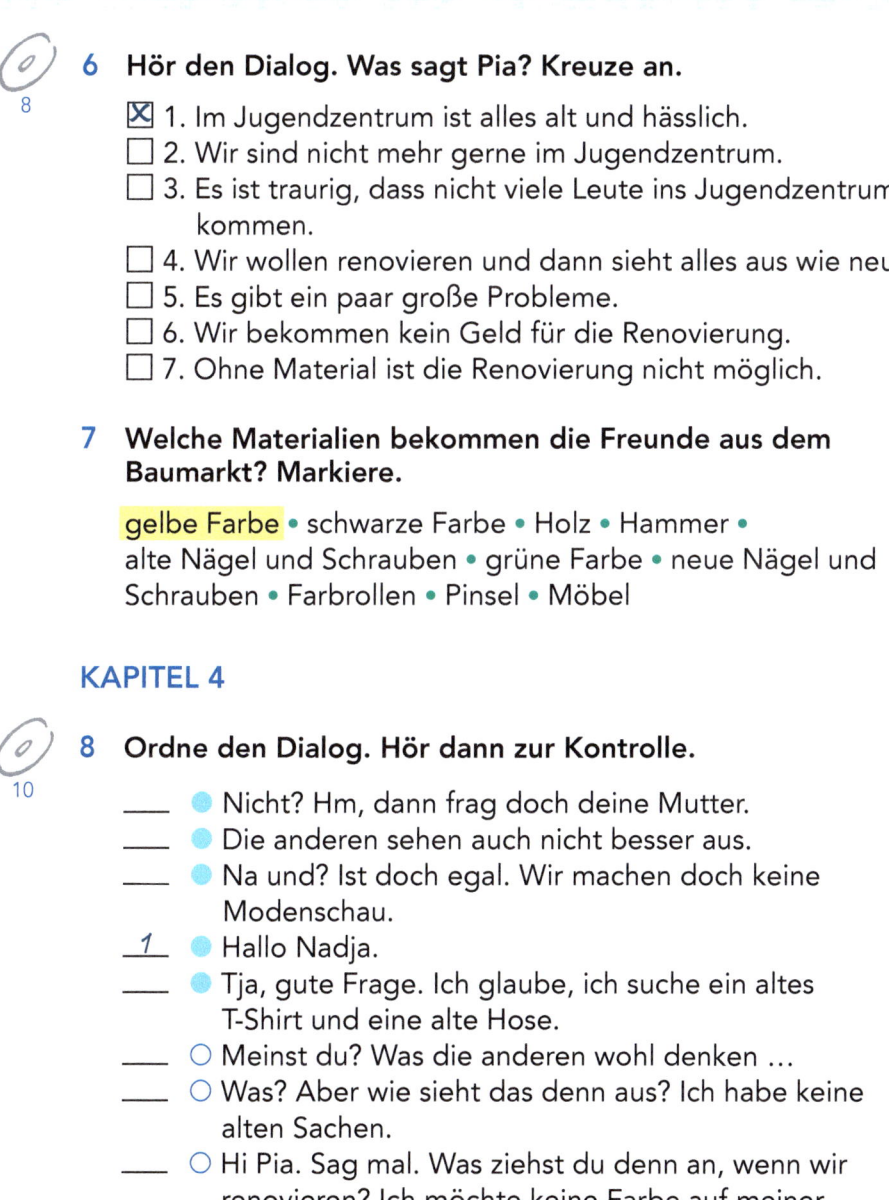

6 Hör den Dialog. Was sagt Pia? Kreuze an.

☒ 1. Im Jugendzentrum ist alles alt und hässlich.
☐ 2. Wir sind nicht mehr gerne im Jugendzentrum.
☐ 3. Es ist traurig, dass nicht viele Leute ins Jugendzentrum kommen.
☐ 4. Wir wollen renovieren und dann sieht alles aus wie neu.
☐ 5. Es gibt ein paar große Probleme.
☐ 6. Wir bekommen kein Geld für die Renovierung.
☐ 7. Ohne Material ist die Renovierung nicht möglich.

7 Welche Materialien bekommen die Freunde aus dem Baumarkt? Markiere.

gelbe Farbe • schwarze Farbe • Holz • Hammer • alte Nägel und Schrauben • grüne Farbe • neue Nägel und Schrauben • Farbrollen • Pinsel • Möbel

KAPITEL 4

8 Ordne den Dialog. Hör dann zur Kontrolle.

___ ● Nicht? Hm, dann frag doch deine Mutter.
___ ● Die anderen sehen auch nicht besser aus.
___ ● Na und? Ist doch egal. Wir machen doch keine Modenschau.
_1_ ● Hallo Nadja.
___ ● Tja, gute Frage. Ich glaube, ich suche ein altes T-Shirt und eine alte Hose.
___ ○ Meinst du? Was die anderen wohl denken …
___ ○ Was? Aber wie sieht das denn aus? Ich habe keine alten Sachen.
___ ○ Hi Pia. Sag mal. Was ziehst du denn an, wenn wir renovieren? Ich möchte keine Farbe auf meiner Kleidung haben.
___ ○ Meine Mutter? Ihre Klamotten sind doch viel zu groß für mich!

ÜBUNGEN

9 Ergänze die Namen: *Robbie, Nadja, Pia, Keiko, Paul, Kolja* oder *Gerrit.*

1. _Gerrit_____ war gestern auf einem Konzert.
2. _____ und _____ bauen Möbel.
3. _____ und _____ streichen die Wände.
4. _____ und _____ streichen die Stühle.
5. _____ hat zwei linke Hände.
6. _____ macht einen Stuhl kaputt.
7. _____ will unbedingt Reggae hören.
8. _____ findet Kolja süß.
9. _____ kann nicht gut Möbel bauen.

KAPITEL 5

10 Ordne den Text in die richtige Reihenfolge.

☐ A Robbie ist auch noch nicht da. Kolja denkt jetzt, dass Robbie die Wand beschmiert hat. Nadja sagt, Robbie war es nicht.

☐ B Paul sucht Gerrit. Gerrit muss da sein, weil die Tür schon offen war. Aber Paul findet ihn nicht.

☑ C Die Freunde sehen, dass jemand ‚Zuusies sind die Besten!!!' an die Wand geschmiert hat.

☐ D Robbie ist wütend. Alle denken, dass er die Wand beschmiert hat. Er wirft den Kuchen auf den Boden.

☐ E Robbie kommt mit einem Kuchen ins Jugendzentrum.

☐ F Dann kommt Gerrit. Er hat die Tür gestern Abend vielleicht nicht abgeschlossen.

KAPITEL 6

11 Wer hat das gemacht? Ordne zu.

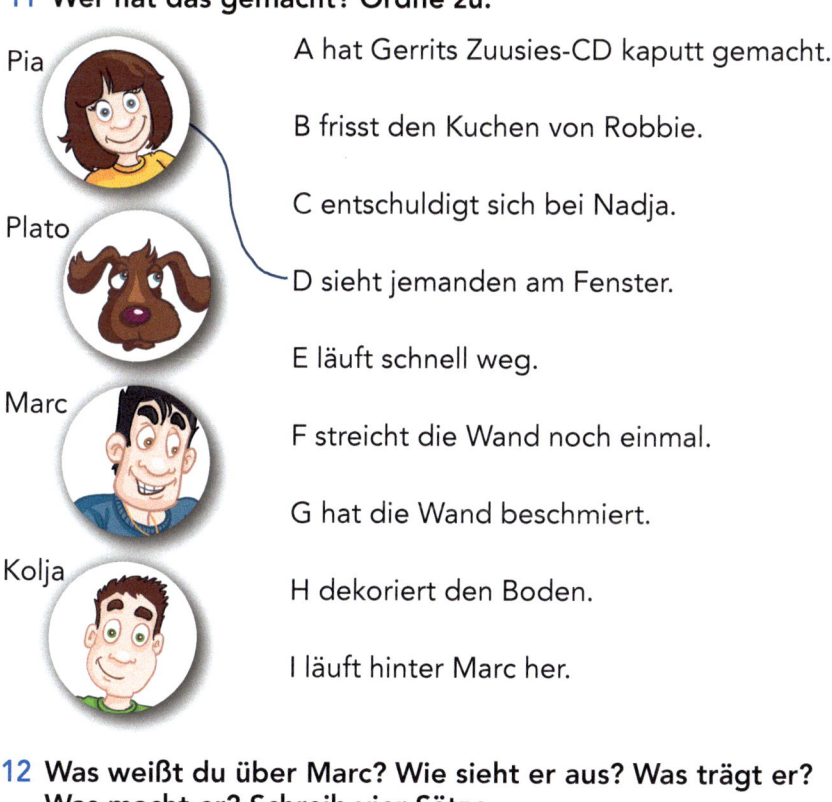

Pia

Plato

Marc

Kolja

A hat Gerrits Zuusies-CD kaputt gemacht.

B frisst den Kuchen von Robbie.

C entschuldigt sich bei Nadja.

D sieht jemanden am Fenster.

E läuft schnell weg.

F streicht die Wand noch einmal.

G hat die Wand beschmiert.

H dekoriert den Boden.

I läuft hinter Marc her.

12 Was weißt du über Marc? Wie sieht er aus? Was trägt er? Was macht er? Schreib vier Sätze.

_____

_____

_____

_____

_____

_____

_____

KAPITEL 7

13 Was ist richtig?
Kreuze an: A, B oder C.

1. Für welches Zeichen
   macht Keiko einen Stempel?

   [A] Für Kanji.

   [X] Für Hund.

   [C] Für Kartoffel.

2. Wer kommt ins Jugendzentrum?

   [A] Robbie.

   [B] Ein Senior.

   [C] Herr Rosenthal.

3. Warum bekommen die Freunde Besuch?

   [A] Jemand möchte wissen, was die Freunde machen.

   [B] Die Renovierung ist zu laut.

   [C] Die Person möchte mithelfen.

4. Warum sollen die Freunde ins Seniorenheim kommen?

   [A] Sie sollen den Senioren das Jugendzentrum zeigen.

   [B] Die Senioren wollen den Freunden etwas schenken.

   [C] Sie sollen das Seniorenheim renovieren.

KAPITEL 8

18

14 Hör den Dialog und ergänze die Uhrzeiten.

    1. Um wie viel Uhr ruft Paul Herrn Nosimann an?

    <u>Um halb elf.</u>

    2. Welche Uhrzeit schlägt Paul zuerst vor?

    _____

    3. Wann möchte Herr Nosimann kommen?

    _____

    4. Wann haben die Freunde und Herr Nosimann Zeit?

    _____

**15 Welche fünf Wörter kommen nicht im Kapitel vor?
Streich durch.**

Überraschung • ~~Handy~~ • Journalist • Visitenkarte • Heft •
Termin • Interview • Party • Würstchen • Band • Flohmarkt •
Notizen • Kamera • Wand • Sofa • Artikel • Dekoration

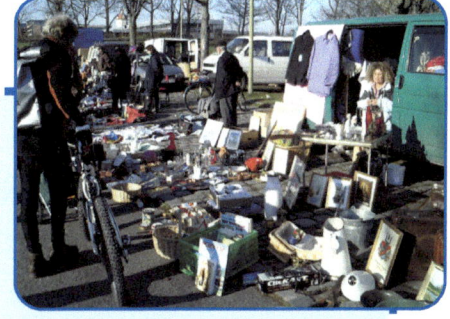

Flohmarkt

Auf einem Flohmarkt kann man
seine alten Sachen verkaufen
oder alte Sachen von anderen
billig kaufen, z. B. Spielsachen,
Kleidung, Bücher, CDs usw.
Flohmärkte gibt es oft auf Festen in der Stadt, in der Schule, im
Kindergarten und im Sommer oft auf großen Plätzen. Flohmärkte sind bei Kindern, Jugendlichen und Erwachsenen sehr beliebt.

KAPITEL 9

16 Wie heißen die Wörter?

1. mit dem Hammer auf einen Nagel schlagen H Ä M M E R N
2. Er arbeitet für eine Zeitung. _ _ _ _ _ _ _ _ _ _ _
3. ein Text oder Bericht in einer Zeitung _ _ _ _ _ _ _ _
4. die Wände mit Farbe anmalen _ _ _ _ _ _ _ _ _
5. Es ist sehr laut. _ _ _ _ _
6. ein Brief oder eine Karte; man darf
   zu einer Party kommen _ _ _ _ _ _ _ _ _ _
7. Er baut, repariert und renoviert. _ _ _ _ _ _ _ _ _ _ _
8. Sofa, Bett, Regal, Stuhl, Tisch … _ _ _ _ _ _ _

Lösungswort: M _ _ _ _ _ _ _ _ _

17 Ergänze den Text.

Computer • Zeitung • enttäuscht • glücklich • Einladung • Kolja •
Party • Cafeteria • Artikel • schickt

Am Montagmorgen kommt Kolja mit der _Zeitung_ (1)
Glücksdorfer Nachrichten in die Schule. Kolja ist gar nicht

_____ (2). Er liest Keiko den _____ (3)

vor. Er ist sehr kurz und Kolja ist _____ (4). Dann

geht er mit den anderen in die _____ (5).

Zusammen schreiben sie eine _____ (6) für die

_____ (7) im Jugendzentrum. Nach der Schule

macht _____ (8) die Einladung an seinem

_____ (9) fertig und _____ (10) sie

seinen Freunden.

KAPITEL 10

18 Zwei Sätze sind falsch. Streich sie durch.

1. Pia und Paul verteilen auf dem Schulhof Einladungen.
2. Marc kommt und möchte auch eine Einladung haben.
3. Pia will Marc eine Einladung geben, aber Paul will das nicht.
4. Marc will trotzdem zur Party kommen.
5. Pia und Paul gehen wütend nach Hause.
6. Sie erzählen ihren Freunden, was passiert ist.

Eine Freundin – Meine Freundin

Es ist auf Deutsch ein Unterschied, wenn man sagt: „Ich gehe mit einer Freundin ins Kino." oder „Ich gehe mit meiner Freundin ins Kino."
Man sagt „eine Freundin", wenn die Person eine von mehreren Freundinnen ist. Aber „meine Freundin" bedeutet, dass man mit dieser Person zusammen ist, also ein Paar ist. Das ist mit „ein Freund" und „mein Freund" genauso.

KAPITEL 11

19 Beantworte die Fragen.

1. Wer sind die Gäste auf der Party? *Die Gäste sind Freunde,*

2. Was erklärt Keiko den Gästen? _____

3. Was passiert um 17 Uhr? _____

4. Wie viel Geld haben die Freunde verdient? _____

5. Was machen Pia und Keiko mit dem Geld? _____

KAPITEL 12

20 Was ist richtig? Kreuze an: A, B oder C.

1. Wen sehen Pia und Keiko in der Stube?
☐ A Marc und den Juze-Leiter.
☐ B Marc und einen Freund von Robbie.
☒ C Marc und einen Typen.

2. Was wollen die Freunde mit Marc machen?
☐ A Sie wollen ihn mit einer Farbrolle anmalen.
☐ B Sie wollen ihn verprügeln.
☐ C Sie wollen ihm sagen, dass er abhauen soll.

3. Was wollen die Freunde mit dem Geld kaufen?
☐ A Billardkugeln und eine Musikanlage.
☐ B Billardkugeln und ein neues Radio.
☐ C Billardkugeln und einen Küchenschrank.

4. Wo ist das Geld nach der Party?
☐ A Bei Marc und seinem Kumpel.
☐ B Bei Gerrit im Büro.
☐ C In der Küche im Schrank.

KAPITEL 1

1 B

2 2. Konzert, 3. Keiko

KAPITEL 2

3 Pinsel, Nagel, Holz, Hammer, streichen, Schraube, Farbe, Werkzeug
1. Baumarkt, 2. Handwerker

4 2r, 3f, 4f, 5r, 6r

KAPITEL 3

5 2. Geld, 3. Helfen, 4. Materialien, 5. verkaufen, 6. geht, 7. Leute,
8. kostenlos, 9. selbst, 10. Minuten

6 3, 4, 6, 7

7 gelbe Farbe, Holz, grüne Farbe, neue Nägel und Schrauben, Farbrollen

KAPITEL 4

8 5 ● Nicht? Hm, dann frag doch deine Mutter.
9 ● Die anderen sehen auch nicht besser aus.
7 ● Na und? Ist doch egal. Wir machen doch keine Modenschau.
1 ● Hallo Nadja.
3 ● Tja, gute Frage. Ich glaube, ich suche ein altes T-Shirt und
eine alte Hose.
8 ○ Meinst du? Was die anderen wohl denken …
4 ○ Was? Aber wie sieht das denn aus? Ich habe keine alten Sachen.
2 ○ Hi Pia. Sag mal. Was ziehst du denn an, wenn wir renovieren?
Ich möchte keine Farbe auf meiner Kleidung haben.
6 ○ Meine Mutter? Ihre Klamotten sind doch viel zu groß für mich!

9 2. Keiko, Kolja, 3. Pia, Nadja, 4. Paul, Robbie, 5. Gerrit, 6. Paul,
7. Robbie, 8. Keiko, 9. Kolja

KAPITEL 5

10 2B, 3F, 4A, 5E, 6D

KAPITEL 6

11 Pia: F; Plato: B, H; Marc: A, E, G; Kolja: C, I

12 *Beispiele:*
Marc ist groß und er trägt einen Kapuzenpulli. Er kann sehr schnell laufen.
Marc geht in die Klasse 10b und er ist gemein zu den kleinen Mädchen.
Er mag die Freunde nicht. Marc hat letzte Woche Gerrits Zuusies-CD kaputt
gemacht.

LÖSUNGEN

KAPITEL 7

13 2C, 3A, 4B

KAPITEL 8

14 2. 12 Uhr. 3. Um 21 Uhr. 4. Um 17 Uhr.

15 Heft, Band, Wand, Dekoration

KAPITEL 9

16 2. Journalist, 3. Artikel, 4. streichen, 5. Lärm, 6. Einladung,
7. Handwerker, 8. Möbel
Lösungswort: Material

17 2. glücklich, 3. Artikel, 4. enttäuscht, 5. Cafeteria, 6. Einladung,
7. Party, 8. Kolja, 9. Computer, 10. schickt

KAPITEL 10

18 3, 5

KAPITEL 11

19 1. Die Gäste sind Freunde (aus der Schule), Eltern und Geschwister,
die Senioren (aus dem Seniorenheim), Herr Rosenthal und der Chef
vom Baumarkt.
2. Sie erklärt, was das Kanji (an den Wänden) bedeutet und warum sie
das Wort „Hund" gewählt hat.
3. Das Konzert von Robbies Band („Neun Zeilen") beginnt.
4. 231,50 Euro.
5. Sie verstecken das Geld in der Küche (im Schrank hinter dem Zucker).

KAPITEL 12

20 2C, 3A, 4B

● Und das ist unser Lieblingsort in der Stadt, unser Jugendzentrum.
○ Ja, genau. Am Wochenende gibt es oft Konzerte. Ich habe hier auch schon einmal mit meiner Band gespielt.
■ Cool! Und was kann man noch machen?
□ Kommt, wir gehen rein, dann können wir dir alles zeigen.

3

● Ja?
○ Ja, Chef. Hier sind ein paar Jugendliche. Sie wollen ihr Jugendzentrum renovieren.
● Ja, und?
○ Also, sie sagen, sie haben kein Geld. Können wir den jungen Leuten irgendwie helfen?
● Helfen? Beim Renovieren?
○ Nein, natürlich nicht. Haben wir vielleicht ein paar alte Materialien im Lager? Die können wir doch eh nicht mehr verkaufen.
● Hm, aber einfach verschenken? Das geht nicht! Dann kommen bald alle Leute und wollen Material kostenlos haben. Ne, nicht mit mir.
○ Möchten Sie vielleicht selbst mit den jungen Leuten sprechen, Chef?
● Also gut. Ich bin in zehn Minuten da.

7

● Hallo. Also, worum geht's?
○ Guten Tag! Das ist aber sehr nett, dass Sie sich Zeit für uns nehmen. Also, wir möchten gerne unser Jugendzentrum renovieren. Es ist alles alt und sieht nicht mehr hübsch aus, wissen Sie? Wir sind gerne dort, aber es kommen nicht viele andere Leute ins Jugendzentrum. Das ist so schade!
● Aha. Hm.
○ Ja, und deshalb wollen wir renovieren. Wir wollen die Wände streichen, neue Möbel bauen und die alten Stühle streichen. Dann sieht alles aus wie neu! Und dann kommen sicher wieder mehr Leute ins Jugendzentrum. Wir haben da nur ein kleines Problem … wir haben fast kein Geld, naja, also eigentlich gar kein Geld. Wir haben den Juze-Leiter schon gefragt. Aber ohne Material können wir ja nicht renovieren. Und da haben wir gedacht, dass Sie uns vielleicht helfen könnten?

8

TRANSKRIPTE

10

● Hallo Nadja.
○ Hi Pia. Sag mal. Was ziehst du denn an, wenn wir renovieren? Ich möchte keine Farbe auf meiner Kleidung haben.
● Tja, gute Frage. Ich glaube, ich suche ein altes T-Shirt und eine alte Hose.
○ Was? Aber wie sieht das denn aus? Ich habe keine alten Sachen.
● Nicht? Hm, dann frag doch deine Mutter.
○ Meine Mutter? Ihre Klamotten sind doch viel zu groß für mich!
● Na und? Ist doch egal. Wir machen doch keine Modenschau.
○ Meinst du? Was die anderen wohl denken …
● Die anderen sehen auch nicht besser aus.

12

Was nun? Das ist ja so peinlich. Was Keiko nur denkt? Ich muss jetzt etwas tun! Hammer und Nägel! Ja, und dann? Wie baut man denn ein Regal? Ich wollte doch meinen Vater fragen, aber ich hab's vergessen. Mist! Keiko soll denken, dass ich ein guter Handwerker bin.

18

● Nosimann, Glücksdorfer Nachrichten.
○ Ja, hallo. Hier spricht Paul Kunze. Sie waren heute bei uns im Jugendzentrum und …
● Ah! Wie schön! Ich habe gehört, dass ihr euer Jugendzentrum renoviert und möchte darüber etwas in der Zeitung schreiben. Eine super Idee! Tja, wann kann ich vorbeikommen?
○ Ähm, jetzt ist es halb elf. Vielleicht um zwölf Uhr?
● Zwölf? Nein, das geht nicht, ein bisschen später vielleicht. So gegen 21 Uhr?
○ Wie bitte? Um neun Uhr abends? Das ist zu spät. Da sind wir schon lange fertig und nicht mehr im Juze.
● Hm. Was machen wir denn da? … Hm.
○ Können Sie nicht um 17 Uhr kommen? Geht das vielleicht?
● 17 Uhr? Warte, ich muss mal schauen … 17 Uhr, ja, … ja, das geht. Alles klar. Dann bis später! Tschüss!
○ Aufgelegt! Komischer Typ.